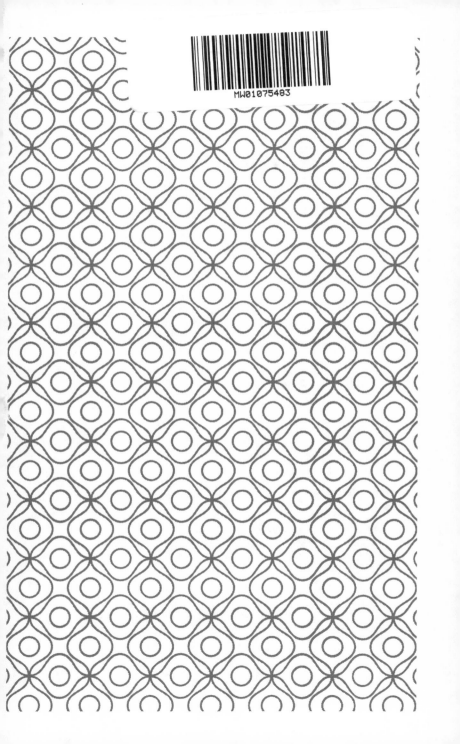

MW01075483

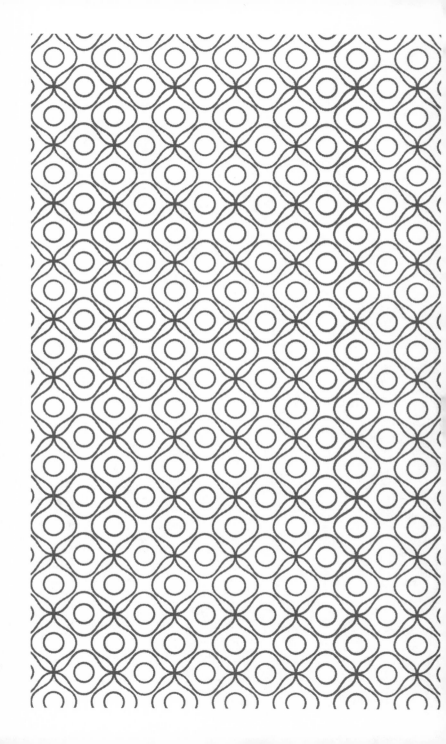

Aterrizar no es regreso

XAVIER VALCÁRCEL

ATERRIZAR NO ES REGRESO

Aterrizar no es regreso
Primera edición: marzo, 2019

©Xavier Valcárcel, 2019
©Ediciones Alayubia, 2019

Edición y corrección: Félix M. Rosario Ortiz y Gegman Lee Ríos
Diseño y diagramación: Adaris García Otero

Ediciones Alayubia
ediciones.alayubia@gmail.com
Carolina, Puerto Rico

ISBN: 978-1-7975659-1-0

1

Me adelanté a lo que sucedería. Por eso no llamé a
Luis, el periodista de *The New York Times*; aunque
le prometí que así lo haría tan pronto comprara mi pasaje
de regreso. Solo que una vez comprado, luego de repen-
sarlo, ya no quise. Y no es que no haya querido colaborar-
le o que no me pareciera buena su idea de desarrollar un
artículo acerca de puertorriqueños retornando a la Isla
desde Estados Unidos, en medio del reseñadísimo éxodo
masivo tras el azote de los huracanes Irma y María. De
hecho, me pareció justo y necesario que alguien cubriera
la migración inversa, que se contaran esas historias, los
porqué. Sin embargo, mirándome, no quise que mi ida de
Nueva York y mi regreso a Puerto Rico, ese salto al vacío
al que se le sumó la ansiedad, el pausar un amor, volver a
la casa de mi familia a los 33 años, sin carro, sin trabajo y
sin dinero, fuera noticia de *The New York Times*. Tampoco
quise ser carne de Likes ni de Shares.

Según lo conversamos por teléfono, su plan era documentar mis últimos días en la ciudad, fotográficamente y en vídeo. Dijo que quería tomar visuales mientras hacía mis maletas, mientras recorría las calles y me movía en trenes por última vez; incluso habló de la posibilidad de montarse en el avión conmigo, cosa de atestiguar el vuelo, el aterrizaje y el resto de lo que aconteciera del otro lado. Luis es puertorriqueño. Le dije que sí sin pensarlo, pero entonces lo imaginé siguiendo de cerca mis abrazos en el aeropuerto, subiendo conmigo a Cayey, conociendo a mi familia, entrevistándolos. Aquello, no querer escucharme, no querer verme ni ver lo que estaba haciendo, sumado a algo de orgullo, incidió en el asunto, y desistí.

2

Regresé a Puerto Rico el martes 6 de febrero de 2018, a las 6:56 p.m.; tres meses, tres semanas y cuatro días después de haberme ido a Nueva York tras los huracanes. Volví con la misma ropa en las mismas dos maletas con las que me fui, con menos libras y con treinta y nueve centavos en mi cuenta de banco.

Andrés me recogió en el aeropuerto. Solo le había dicho a él y a mi mamá. El vuelo se tardó más de lo previsto porque coincidió en el aire con el lanzamiento del cohete Falcon Heavy de Space X. El avión voló sobre la parte interna de la costa este, desde Nueva York hasta Florida, para luego girar hacia el Caribe. Cerca de Cabo Cañaveral, el capitán dio el anuncio de que nos asomáramos por las ventanillas del lado izquierdo del avión. Seguido, los pasajeros del lado contrario se movieron de mi lado y entonces vimos aquello ascender entre las nubes para desaparecer en el azul más profundo del cielo. Yo volando al vacío. Aquello también.

Me disculpé con Andrés por la espera. Monté las maletas en su carro y me dio un beso. Lo próximo fue bajar los cristales, el calor entrando en ráfagas y las sonrisas. No hubo preguntas ni silencios. Ni siquiera me dio la bienvenida. Ese primer tramo de carretera fue su mano sobre la mía y planes de ir al día siguiente a snorkear en Rincón, la punta más al oeste de Puerto Rico. Él estaba de vacaciones con carro alquilado y regresaría a Nueva York cinco días después, al cuarto que compartió conmigo y que yo acababa de dejar. Así que su mano sobre la mía y los planes compartidos tenían toda la intención de no perder la oportunidad de disfrutar los últimos días juntos.

Del aeropuerto fuimos directo a El Hamburger en Puerta de Tierra, un restaurancito de madera y zinc, abierto desde hace más de cuarenta años en la entrada del casco viejo de la capital. Inexplicablemente, el restaurancito sobrevivió los huracanes. De allí, nos movimos a La Esquina Watusi, a beber ron con jugo de parcha y limón. Entre trago y trago, ya en sonrisas y con los ojos bien abiertos, asumí que estaba de vuelta, otra vez adentro de la graffiteada noche santurcina, vagamente iluminada y destruida sobre sí. Al fondo, el condominio Puerta de la Bahía con sus hileras de luces encendidas. En una esquina de la barra, un televisor transmitiendo un juego de pelota entre Puerto Rico y República Dominicana. Eddie Palmieri sonando al fondo. Cerca de allí, dos gatos relamiéndose como si nada más importara.

De camino a Cayey, el pueblo de mi mamá, en el centro-este de la Isla, nuestras manos se buscaron repetidamente. Con el ron encima, le conté de mis últimos días a solas en Nueva York encerrado en su espacio. Su cuarto es una esquina del mundo ubicada en el ático de una casa compartida de cuatro niveles, al fondo de East Elmhurst, en Queens. Es un cuarto sencillo: un clóset, una cama pegada al ángulo de dos paredes, una ventana en guillotina que se abre a la pendiente de 29th Avenue hasta la bahía de Flushing y otra ventana, sobre el heater, con vistas a Gilmore Street. Bombillitas multicolores de navidad sobre la ventana que se abre hacia esa calle, y también sobre la cama. Sobre el gavetero junto a la puerta, una escultura de un cactus en neón.

Los últimos días no salí de allí porque lo que me quedaba de dinero era para pagar las dos maletas de regreso. Además, la ansiedad me atrapó. Le confesé que mis voces interiores me ganaron, que me ganó la idea de haber fracasado y que uno de esos días pasé la tarde entera tirado en su cama llorando. Lloré por mí, por nosotros anticipadamente, por haberme quedado sin dinero en una de las ciudades más caras del mundo intentando algo que tuvo más con refugiarme en una relación y con conseguir dinero tras el detente absoluto del huracán, que con ambiciones de adultez. Mónica, una amiga con quien trabajé meses antes en Puerto Rico, y que se fue de la Isla a vivir a California, fue a quien único me atreví a decirle. Le escribí por WhatsApp.

—¿A qué se debe ese fracaso? ¿A qué se lo atribuyes? —preguntó, trabajadora social al fin.

—No sé, no salió. Lo intenté, pero no lo logré.

—¿Y por qué piensas que el fracaso es tuyo?

—Porque no es de nadie más.

Andrés se había ido de Puerto Rico a Nueva York un año y medio antes, a principios de 2016. En ese entonces él trabajaba como gerente en *The Children's Place*. Logró que la compañía lo transfiriera, así que llegó teniendo trabajo y el cuarto, de una amiga, en el que podía quedarse en lo que conseguía otro espacio. Cuando me dio la noticia en aquel entonces, le dije que yo no podía ser egoísta. Su carro había sido declarado pérdida total tras un choque y estaba dependiendo de otros para moverse. Yo vivía lejos. La transportación pública en Puerto Rico es un sueño, y en la montaña ni hablar. Asimismo, su trabajo part-time apenas alcanzaba para pagar deudas, gasolina, techo ajeno y mantenerse a flote. Lo entendí.

No iba a ser yo la persona que le dijera "no te vayas".
Antes de los huracanes mucha gente se estaba yendo.
Parece ser que en las islas lo natural es irse.

Luego de aquello, estuvimos largas semanas hablando por teléfono hasta la madrugada, él contándome de cómo progresaban las cosas, de la ciudad, de la gente, extrañándonos; hasta que fueron menos las llamadas. Entonces decidí alejarme un poco y fluir. En realidad, un día me vi esperándolo, cuando sabía que él ya estaba anclándose, y preferí dejar lo nuestro allí. Pero él insistió en mantener la comunicación. Así que lo visité en otoño del mismo año. Fue cuando descubrí que el cariño seguía intacto, y retomamos planes. Volví a la Isla con la idea de mudarme con él en el verano próximo, y lo hice. Me fui a Nueva York en julio de 2017, acabando de renunciar a un trabajo en el que estuve seis años. Quería darme una oportunidad fuera de Puerto Rico, ver qué tal las cosas juntos.

Esa vez me quedé un mes y medio en su espacio, pero no pude hacer planes por más tiempo porque había un viaje familiar de por medio, por lo que tendría que regresar a Puerto Rico. De hecho, volví para ese viaje, el 4 de septiembre: un crucero de siete días por las islas del Caribe. El plan era devolverme a Nueva York. Pero mi llegada a la Isla coincidió con el primer huracán. Dos días después, Irma arrasó con las islas a donde viajaríamos. Pospusieron el crucero para dos semanas después, con tal de esperar que el mar se calmara y reprogramar la ruta de los puertos. Pero al cabo de las dos semanas apareció el huracán María y devastó. Cancelaron el viaje. Usaron el crucero para salidas humanitarias y carga de suministros. Y ya no hubo opción sino quedarme en el país a ayudar a la familia y sobrellevar el caos.

El 12 de octubre de 2017, a las 2:54 de la tarde, volví en un vuelo humanitario a Nueva York. Regresé a Andrés con dos maletas, con una Virgen de la Caridad del Cobre, una foto de mi mamá, otra de mis abuelos, mi diploma de maestría, una libreta y seis libros. La Cruz Roja Americana me recibió en el aeropuerto John F. Kennedy. Me dieron una bolsita con artículos de higiene personal, incluido un espejo. Tomaron mi información y me dieron varias hojas con números telefónicos para asistencia de emergencias.

El viaje de ida costó $103.00. Lo de vuelo humanitario me lo dijo la asistente de servicios de Jet Blue al tiempo que etiquetaba las maletas.

—Las maletas viajan gratis por la situación —añadió—. Así que guarda el dinero, que lo vas a necesitar.

La miré a los ojos. Su sonrisa a medias. El aeropuerto tomado por la milicia estadounidense. Alrededor, gente desesperada intentando salir. La larga fila para cruzar el punto de seguridad. El avión lleno a capacidad. Guardé los $72.00 de las maletas durante toda mi estadía en la ciudad, como Bernardo Vega en sus memorias. Al final, con esos mismo $72.00, pagué las maletas de regreso a Puerto Rico.

Había seleccionado un asiento junto a la ventanilla. Así que me acomodé bien e intenté olvidar el resto. Es importante no pensar. Lo aprendí de Pedro Juan Gutiérrez. Pero fue imposible. Minutos más tarde, el avión recorriendo la pista. Entonces el ruido de las turbinas, la propulsión, los gritos de un recién nacido y todo lo que anticipaba. Las semanas posteriores al embate de María habían sido demasiado; en frente de los ojos, tratando de dormir, intentando conciliar la nueva realidad, intentando que en el ínterin nadie dejara de comer en casa. Incluso, el día anterior había sido mucho. Mi madre llorando, recostada al marco de la puerta, viéndome hacer las maletas. Dos copas de vino amargo servidas para brindar. Esa larga y dolorosa escena. Ella ya estaba desgastada y vacía, cargando con el peso de la muerte de abuela, fallecida accidentalmente meses atrás. Así que mi ida se sumaba a la pérdida. Su único hijo dejándola en medio de eso. Su único hijo yéndose a otro país a vivir con un hombre.

Regresé a todo aquello una y otra vez adentro del avión. Abajo, los manglares destrozados del bosque de Piñones. Los palmares partidos. Desde allí el panorama extendido del follaje vuelto heno, escaso de verdes. La arena anaranjada delineando la nueva costa. Las playas de todos los azules en las que me crie. Y luego un aguacero denso que borró con nubes la última imagen de la Isla. Estuvimos buen rato en esas. Solo blanco y gris a través de las ventanillas. Pronto turbulencias. Minutos más tarde la inmensidad del Atlántico. Los parchos de nubes debajo, blanquísimos. Tan pronto me calmé, volteé a ver a la señora a mi lado. Lloraba calladita. Tenía quizás 60 años. También lloraba un señor en la butaca D de la fila 11. Lo recuerdo claramente porque escribí un poema en ese vuelo, mencionándolos.

A lo largo del trayecto hacia Cayey, Andrés me escuchó atento sin soltar mi mano. Íbamos a la velocidad perfecta como para contarle con detalles. Por ratos parecía que el carro flotaba sobre la autopista. Cogimos la salida al pueblo, las curvas entre las montañas, desde el barrio Buena Vista hasta el barrio Toíta, y nos estacionamos finalmente frente a la casa de mi madre. Era medianoche. Bajé las maletas. Inmediatamente, recuerdo, los dos miramos hacia arriba. El cielo de febrero abierto a las estrellas. Las constelaciones casi trazadas. La grandeza de la noche en torno a nosotros. Fue ahí cuando caí en cuenta de que la noche no tenía más luces que aquellas. Por resquicios, un par de casas iluminadas con plantas eléctricas, pero las montañas estaban sumidas en la oscuridad.

A casi cinco meses del huracán, mi familia, los vecinos y cientos de comunidades en el país seguían sin servicio de energía eléctrica. Mi casa allí dormida. Los coquíes, los grillos y los múcaros entre el silencio. Respiré hondo entendiendo a lo que estaba regresando, y me despedí de Andrés. Abrazo largo y beso delante del portón de entrada.

3

Andrés no se llama Andrés, pero fue el nombre con el que se presentó. Lo conocí por Instagram cuatro años atrás. Es fotógrafo y voleibolista, una combinación ganadora de talento y complexión. Yo, que soy fanático de los muslos y de las pantorrillas de los hombres, y de quienes tienen la sensibilidad de capturar imágenes, no perdí la oportunidad de hablarle por la aplicación. De aquello, una invitación a un par de cervezas y luego el resto. Playas, monte, fotos, ron, música, sonrisas, atracción, marihuana, desnudez, luces, sexo, besos, café. Creo que fue en ese orden. En poco tiempo saltamos a la complicidad de la felicidad tropical, y de allí al cariño. Estuvimos dos años en esas hasta que decidió irse. Sin embargo, fue en Nueva York donde nos vimos adentro del amor.

Antes de la ida, Andrés vivía con su papá en lo alto de las montañas de Cidra, a poco más de veinte minutos de la casa de mi mamá. La suya, vivía aún más cerca. En ese entonces yo vivía solo, cerca de la playa, en Loíza. Era complicado el asunto de la distancia, pero a veces bajaba y se quedaba conmigo, o a veces yo subía y me quedaba en Cayey, cosa de estar cerca y poder vernos. Cuando esto pasaba, él me recogía, íbamos a comer o a un par de cervezas y luego me devolvía frente al portón de entrada. Nos despedíamos con un abrazo largo y un beso, y luego cada uno a su casa.

A los 19 años le dije a mi mamá que también me gustaban los hombres. Con ella he tenido bastante confianza, así que ella supo lo mío con Andrés desde el principio. Él, lo contrario, apenas le ha dicho de nosotros a un par de amigos suyos. Por lo mismo, dormir juntos en la casa de su papá no era opción. Tampoco en la de mi madre lo era, aunque supiera. Que ella sepa de mis gustos no significa que le encanten. Aceptación no es sinónimo de aprobación ni de contentura, y yo puedo entenderlo. Por eso, esa noche del regreso, despedirme delante del portón, sin más opciones luego de meses en Nueva York amaneciendo en su espalda, me hizo sentir que todo lo que avanzamos juntos, lo que creí avanzar, retrocedió al lugar original.

En Loíza, ya de adulto, viví solo poco menos de cuatro años en la casa en la que me crie; una casa de dos baños y cuatro cuartos, marquesina doble, patio y balcón. Era mi espacio, la única esquina del mundo que he reconocido como mía, mi refugio de soledad y silencio, aunque por ratos se escucharan disparos. El interior era blanco y todo el día estaba invadido por el sol. Tenía lo necesario: mis libros, muebles y espejos rescatados de la calle, una cama enorme sin espaldar, un jardín de piedras, plantas en el patio. Loros dominicanos, pitirres y pájaros carpinteros por las mañanas. En la tarde aparecían los changos y los finches. Por la noche las gaviotas sobrevolaban chirriando altísimo como si hubieran perdido la costa. Pero la costa estaba a minutos. Igual el Río Grande de Loíza. Y más allá el gran bosque de Piñones con sus palmares, emajagüillas, mangles y playas.

En ese sentido, saltar desde aquella soledad arenosa y sudada a un sitio compartido en una ciudad desconocida y fría, fue un detalle en contra. Sobre todo porque el cuarto era el espacio de Andrés, su esquina del mundo, su refugio de soledad y silencio. Y no fui a atentar contra eso. De hecho, aspiré a mi propio cuarto en la ciudad. Sin embargo, la renta es costosísima y yo no tenía dinero suficiente siquiera para pagarle a Andrés la mitad de la renta del suyo.

En general, me faltó el dinero en Nueva York. Lo admito. Y no pude ahorrar. Hice todo lo posible por lograrlo, trabajar dobles turnos, no gastar, pero no pasó. Quizás aquello era el fracaso, lo que me recordaron mis voces en los últimos días. Aquello, y verme por ratos como un refugiado; inmigrante en los trenes, dependiente frente a las cifras rojas de mi cuenta de banco y frente a los amigos que me hicieron préstamos; yo en un espacio ajeno, sobrellevando la carencia, el frío, la distancia y un desastre natural que seguía vivo en mi cabeza. Aunque contaba con Andrés. Aunque él me abrió su espacio desde el cariño y la solidaridad. Aunque en su espalda volvía a la soledad arenosa y sudada de casa. Yo estaba poniendo de mi parte para tomar las cosas con calma y no desesperar.

4

No fue hasta el 5 de noviembre de 2017 que conseguí un trabajo en la ciudad, luego de semanas de enviar mi resumé vía e-mail y de entregar copias en barras, cafés, restaurantes, librerías, galerías y museos. La prioridad era conseguir dinero, no importaba dónde trabajara. Pero mi preparación académica y mi experiencia de trabajo me jugaron raramente en contra. En varias entrevistas me consideraron sobrecualificado. Fui a casi una treintena. Pero no estaba dispuesto a omitir información en cuanto a mi preparación ni a mi pasado. Entendidas mis reducidas posibilidades de recién llegado, pronto cambié mi foco de búsquedas. La mayoría de las entrevistas que logré fueron en transnacionales de ropa: *Uniqlo*, *H&M*, *Forever 21*, *Urban Outfitters*. Fui a cuatro entrevistas con *Lush*, una en *Barnes & Noble*, fui a una en un hotel en el bajo Manhattan, una en el MOMA y otra en el *Intrepid*

Sea, Air and Earth Museum. Esta última, y la de *H&M*, fueron las peores.

En *H&M* pasé las tres rondas del proceso de entrevista, luego de haberme sometido a sus estúpidas competencias diseñadas para la eliminación de candidatos. Primero fue una entrevista grupal con la gerente de la tienda de Herald Square, en Manhattan. La misma que me preguntó que si después de haber sobrevivido a un huracán me sentía apto para trabajar vendiendo ropa. Mi respuesta fue la risa, preguntarle si ella había vivido un huracán y odiarla por pendeja. Fue pendeja también con una compañera mexicana a quien le dijo que podría trabajar con una trenza pero que no con falda de colores. No obstante, ella misma me pasó a la ronda próxima en las oficinas principales. Esa fue con el equipo creativo y de recursos humanos e incluyó varios ejercicios. Uno de ellos consistió en que cada candidato escogiera una silla, ubicadas alrededor de una gran mesa. Cada silla daba la espalda a la mesa. Parados frente a ellas, teníamos que construir una torre de bloques de madera en la sentadera, sin dejar caer los bloques. Al mismo tiempo, teníamos que construir un castillo con Legos sobre la gran mesa. Mientras, dos bolas de tennis iban de mano en mano, una en contra y otra a favor de las manecillas del reloj. Éramos 20 personas.

—Quien construya la torre más alta y el castillo de colores más brillante, con puerta incluida, sin dejar caer las bolas de tennis, será parte del equipo. Tienen 10 minutos.

Fue todo lo que dijeron. Y el equipo creativo y de Recursos Humanos se sentó a vernos. A ellos también los odié, pero me pasaron a la última ronda. La ronda final fue directamente con el gerente de ventas, quien luego de explicarme que cobraría el mínimo, que solo podía ofrecerme turnos rotativos de madrugada, fines de semana y feriados, me dijo que el trabajo sería temporero y a tiempo parcial. "Entre quince y veinte horas", repitió. Primero me reí y luego dije "olvídalo". Salí de aquello orgulloso, pero frustrado por haber perdido la primera oportunidad de trabajar y de hacer dinero. También dije "olvídalo" en el *Intrepid Sea, Air and Earth Museum*, pero fue porque el trabajo consistía en vestirme de astronauta o ponerme un batiscafo y posar para las fotos de sus visitantes.

El empleo que conseguí, por el contrario, fue sin entrevista. De hecho, nunca supe que ya me habían contratado. Solo envié un resumé a una compañía de recursos humanos. Encontré su anuncio en Craiglist. Dos días más tarde me llamaron, me pidieron una foto, y si podía llegar el domingo a las 4:00 p.m. a una charla en el *New York Marriott Downtown*. Me dijeron que si salía todo bien, esa misma tarde tomaría el entrenamiento. Fui el domingo súper preparado para entrevista, bien vestido, puntual. Me registré y me pasaron al Financial Ballroom del segundo nivel. De pronto el salón comenzó a llenarse. No tenía ni idea. Era un evento de contratación de *Yankee Candle*, la compañía de velas más importante de Estados Unidos. Yo no sabía nada de velas ni de *Yankee Candle*, así que a la rápida hice un search en Google.

Los gerentes de ventas se presentaron enseguida y luego se dividieron para hablar con cada candidato no más de dos minutos. Éramos casi cien personas en el salón y ellos apenas cinco. Cuando llegó mi turno, uno de ellos preguntó mi nombre y pidió que le contara sobre mí.

—From Puerto Rico? —dijo mientras apuntaba algo que no vi en una libreta y rápido se movió al próximo.

Completar la dinámica les tomó casi dos horas, así que aproveché para hablar con mi compañera a la izquierda. Ya no recuerdo el nombre. También era boricua y había llegado a Nueva York cuatro años atrás buscando una mejor educación para su hija enferma. No dio detalles. Me preguntó dónde había pasado el huracán, qué sentí, cómo había sido. Su familia es de Cabo Rojo, al suroeste de la Isla, y todavía no había logrado comunicación con ellos, aunque presentía que estaban bien.

Entre mostrarle los vídeos que había grabado con mi teléfono y contarle acerca de la osadía de los días posteriores al ciclón, se nos fue el tiempo. Una vez entrevistados los cien candidatos, apagaron las luces y presentaron un video acerca de la compañía para ponernos en contexto. Al final encendieron las luces, hablaron de la tienda efímera que estrenarían en SoHo, en la que invirtieron millones. Regalaron velas a todos los candidatos y poco después se despidieron. Nada comprometedor. Todo somero. Por un momento hubo risas. Se decía por lo bajo que la fragancia de las velas era "Try Again". Habiendo salido la gerencia del salón, el resto se levantó, y quedé confundido.

—¿Cuándo avisan si nos contratan o no? —tuve que preguntarle a mi compañera a la izquierda.

—Ya estamos contratados, este era el training. Empezamos el jueves. Pantalón negro y zapatos negros. Ellos te dan la camisa de uniforme y te avisan el horario.

Comencé, pues, el jueves 9 de noviembre de 2017, como Brand Ambassador & Marketing Assistant en *Candle Power*, un impresionante *Pop-Up store* ubicado en el 503 de Broadway Avenue en SoHo. Mi posición me la indicaron ese día, casi un mes después de haber llegado a la ciudad. Pagarían $18.00 por hora. El contrato era de 9 semanas. Luego de aquello, la tienda desaparecería y yo quedaría desempleado nuevamente, a no ser que, en el ínterin, consiguiera otro trabajo o decidiera regresarme a mi país.

Mi última experiencia laboral había sido en Puerto Rico, como coordinador del programa artístico de una organización sin fines de lucro que brinda servicios a niños, niñas y a jóvenes de comunidades desventajadas. Allí trabajé seis años desarrollando actividades artísticas y culturales, estrategias de prevención y de formación de valores a través del arte, supervisando y capacitando personal, cumpliendo con tareas administrativas, pedagógicas y sociales. Por un lado, fue una belleza de trabajo en un país quebrado económica y socialmente; una experiencia directa de acción en la que diligenciaba a diario con la realidad del país. A diario y de frente, la pobreza, la violencia, la droga, el maltrato, la falta de valores, de afectividad, de comunicación; todo representado en niños, niñas y jóvenes de entre 5 a 21 años y sus familias. Desde allí, estuve de frente también a su victimización y al asistencialismo como estrategias de negocio, al turbio lucro de algunas sin fines de lucro, a la inacción y al desamparo descarado por parte del gobierno, al abuso tras el discurso y la petición de solidaridad y resiliencia.

Siempre fue mucho a la misma vez. No obstante, me mantuve; hasta que empezamos a no cobrar. La organización, como muchas otras, dependía de fondos desembolsados por terceros y no de autonomía financiera. Hubo días en los que en vez de darnos el cheque nos pedían solidaridad. Pero la solidaridad no paga cuentas. La solidaridad, la empatía, la resiliencia, la confianza y el amor se cansan. El estado, con una deuda ascendente a 72,000 millones de dólares, en medio de movidas neoliberales y con una Junta de Control Financiero sobre sus hombros, había cortado aún más las ayudas a las organizaciones del tercer sector. La inestabilidad incidió muchas veces en mi estado emocional y resultó en deudas.

Un día me levanté, y dije basta. Usé mis ahorros para saldar lo que debía. Renuncié. Lo que sobró de aquello lo usé para volar a Nueva York ese verano. Por eso, básicamente no tenía dinero cuando volví en octubre luego de los huracanes. Sé que pude haberme quedado en Puerto Rico en octubre y desistir de regresar a Nueva York, pero no podía darme el lujo de esperar a que las cosas volvieran a la normalidad en la Isla. Aquello tardaría y la oportunidad de Nueva York seguía abierta.

El panorama era desalentador para todos, la situación económica ya era crítica desde antes, y no quise en esas circunstancias depender de mi madre. A nuestra casa no le había pasado tantísimo, y ella contaba con el apoyo de mi padrastro. Mi padre, por otro lado, a quien vi días antes de irme, después de meses sin saber de él, preguntó que cuándo haría algo por mi vida. Se lo preguntó a mi madre mientras yo estaba en el baño del colmado en el que pasa día y noche. Ella me acompañó a verlo. Irme fue la contestación.

5

Sobrepasando los 90,000 millones de dólares en daños, María está catalogado como uno de los desastres naturales más costosos de la historia de los Estados Unidos y sus territorios, y como el huracán más destructivo que haya impactado a Puerto Rico en los últimos cien años. Con ráfagas de viento que alcanzaron las 190 millas por hora, y acumulaciones de lluvia de hasta 40 pulgadas, María hizo su entrada en la mañana del 20 de septiembre de 2017. Específicamente por Yabucoa, al este de la Isla, a las 6:15 a.m.

Recuerdo que esa mañana me levanté por la voz tensa de mi mamá, que resonó atravesando el pasillo de la casa hasta mi cama. Cuando salí, la vi al fondo, parada frente a las ventanas de cristal de su cuarto observando cómo los árboles se remeneaban y las matas de plátano y guineo de su finca comenzaban a ceder. Mi padrastro estaba en la cama. Avancé hasta ella y vi el viento afuera, denso de lluvia, delatando la velocidad según cargaba las hojas. Amanecía. Instantáneamente di la espalda, agarré el control y prendí el televisor. La luz se había ido horas antes, cerca de la medianoche, tras la explosión de un transformador de energía en frente de la casa. Pero al instante bajamos y prendimos la planta eléctrica.

El único canal que no estaba fuera del aire era Telemundo, canal 2. Marcaban las 5:54 a.m. en la parte inferior de la pantalla. Roberto Cortés, el periodista del tiempo, parado frente a la imagen infrarroja del enorme huracán. Su voz concisa pero quebrada, diciendo que en cuestión de minutos el ojo entraría a tierra. "Lo único que queda es protegerse", recomendó el reportero. Y seguido la planta de la casa se apagó. Su voz y aquel monstruo de colores a punto de entrar fue la última imagen que tuvimos con respecto a lo que sucedería. La otra imagen fue la de Deborah Martorell, la periodista del tiempo del canal 4, presagiando lo próximo en torno al boletín de las 11:00 de la noche anterior. Su voz igual de quebrada. Su rostro conteniendo las ganas de llorar.

Luego de aquello pasaron dieciséis horas interminables. Los vientos fueron incrementando, sonando de forma aterradora. La lluvia se tornó continua y torrencial. Repetidamente el crujido de los árboles partiéndose. Truenos y rayos. A lo lejos, en el primer lapso, los transformadores explotando. El río cada vez más caudaloso, trepando la finca como nunca.

En casa habíamos instalado tormenteras en la mayoría de las ventanas, salvo en el cuarto de mi madre. Así que su cuarto, desprotegido pero enrejado, sirvió de mirador hacia el oeste. El otro mirador, del lado contrario de la casa, hacia el sureste, fue el balcón, también enrejado, que se abre hacia la finca y el río. Para llegar allí había que salir por uno de los paneles de cristal de la puerta corrediza de la sala, que igualmente quedó desprotegida. Teníamos, además, la puerta principal de la casa como tercer mirador, hacia un balcón que da a la carretera. En realidad, la casa está rodeada de montañas, así que la vista que teníamos no incluía tanto más que las casas cercanas y una comunidad con una cancha y una escuela bajando la pendiente de un cerro. La carretera frente a la casa es la 14, entre Aibonito y Cayey. Un carril para subir y otro para bajar.

Ni mi padrastro, ni mi mamá ni yo podíamos con la idea de estar encerrados. Por lo mismo, sin más que hacer, estuvimos rotando el día entero adentro de la casa. Tocaba ver y esperar. Por ratos, los tres observando, uno junto al otro y sin hablar, cómo los grandes almendros se desgarraban, cómo las palmas se doblaban hacia la tierra, cómo los bambúes se partían como arañas. Lo más asombroso fue el rugido del viento avanzando desde lejos, sus silbidos y estruendos, su forma de azotar y destruir.

Mientras avanzó el día, muchas casas alrededor fueron perdiendo los techos. Los árboles y las palmas se desmembraron hasta caer. El río, que por lo general es un hilo de agua, se convirtió en una caudalosa corriente de escombros, animales muertos y vegetación. En uno de los cerros, las jaulas de los gallos volaron para luego romperse por toda la ladera. El tendido eléctrico se vino abajo. También se vino abajo una de las laderas cercanas, vuelta un alud de barro rojo y piedras.

La lluvia no se detuvo, así que las escorrentías bajaban por cada esquina. Además, según la lluvia insistía horizontal contra las ventanas del cuarto de mi madre, lo inundaban. Entre mapo y mapo, y toallas en el piso, vimos la cubierta de nuestra terraza desprenderse por completo. Tras ella se desprendieron cuatro ventanas de cristal.

Cerca del mediodía no teníamos idea de cuánto faltaba, si el huracán se había intensificado o si había desacelerado, o cómo estaba el resto de la Isla, si es que el huracán la atravesó según lo proyectado. Poco después mermó la lluvia. Mi madre celebró, breve.

Salí al balcón de la calle y apareció un claro radiante de sol. Luego el azul. Estábamos adentro del ojo del ciclón.

De prisa, salimos de la casa a asegurar más o menos las cosas que pudieran volar y afectar aún más. Tuvimos quizás catorce minutos para una inspección breve y darnos cuenta del desastre. La finca estaba hecha pedazos. Igual las casas cercanas y la cancha a lo lejos. El río se había metido en el patio de la casa de Johnny, el vecino más próximo, y amenazaba con entrar a su taller de tapicería. Al vernos salir, Johnny y su familia nos saludaron desde abajo, como dejándonos saber que estaban bien. En la parte alta, otros vecinos habían salido para mover algunas ramas de un robusto flamboyán que había caído sobre la calle. Como un dique, el árbol desvió las escorrentías hacia las casas más bajas. Mi padrastro y yo fuimos para allá con la intención de ayudar, pero la lluvia regresó demasiado pronto. No se pudo hacer nada. El sol desapareció y ahí el viento en dirección contraria. Era el llamado virazón. Corrimos. Metimos las perras en la casa. Y entonces todo lo que no había caído, cayó.

Por ratos salía solo al balcón de la entrada principal a escuchar y a ver. Necesitaba ver. Me pegaba a la pared y permanecía allí inmóvil mientras aquello sucedía delante de mí. Grababa videos y luego volvía

adentro, atónito. Por ratos, igual, salía al balcón posterior. Aquel espacio era más peligroso. El techo era de
madera. Solo rejas en medio. La furia de la naturaleza
devastando. Provocaba gritar. Y grité muchas veces.
El miedo a veces es adrenalina.

Sé que en algún momento esa tarde abracé a
mamá y ella se abrió al abrazo con la misma intensi-
dad. Por lapsos la veía asomada viendo cómo su finca
parecía acabarse, cómo el río seguía avanzando y qui-
tándole terreno, cómo la casa seguía desprendiéndo-
se por las esquinas después de tanto esfuerzo. Nunca
antes, ni en el huracán Hugo en 1989, ni en George
en 1998, sentí que nuestra casa, y desde allí lo demás
—dígase familia, comunidad, país, futuro— estuviera
en riesgo. Nunca antes viví la destrucción de esa forma. Tampoco había visto así el miedo en los ojos de
mi madre.

Más allá de haber hecho chistes, jugado briscas y
un juego de mesa inentendible, no recuerdo qué otra
cosa hicimos esa noche. Nos acostamos temprano,
pero no pude dormir. Di mil vueltas en la cama. Vi
los videos que grabé con el celular. Pensé en Andrés
mil veces. Yo incomunicado. Él quizás siguiendo el
paso del huracán gracias a algún medio estadounidense. Pensé en mi papá, en el resto de mi familia, en
mis amigos, en la casa de Loíza.

Lo otro que recuerdo es haber despertado al día siguiente al escuchar la voz de mi mamá en la calle. Me puse los tenis, avancé por el pasillo y salí al balcón principal, medio dormido. Lloviznaba con sol. Caminé hasta la calle aún soñoliento y desde allí, en silencio, enfrenté el panorama.

6

En *Candle Power* nadie se conocía. Habíamos sido contratados sin mayores introducciones. Además, la tienda era nueva, así que me tocó de a poco ir presentándome con los compañeros en la medida en que compartíamos turnos. Tan pronto decía Puerto Rico, sus gestos se transformaban, lamentaban lo sucedido, incluso las actuaciones del presidente Donald Trump en su visita a la Isla en medio de la emergencia. Trump había lanzado por el aire rollos de papel toalla a quienes asistieron a verlo en una iglesia protestante que su equipo seleccionó.

Trump también había minimizado la catástrofe, en parte porque el gobierno boricua, en ese entonces, mantenía en 16 el número de víctimas fatales. En estos días se habla de más de 2,000. Por ello, también llegaban las preguntas: cómo estaba mi familia en Puerto Rico, cómo me había sentido cuando vi las imágenes en las noticias, si me habían contado cómo fue vivir el huracán. Tocaba, pues, aclararles que viví el huracán en la Isla, que nunca vi imágenes ni noticias porque estábamos incomunicados, que, dada la situación, tuve que salir de mi país como otros tantos miles, que había recién llegado a Nueva York, que aquel era mi primer trabajo en la ciudad y en Estados Unidos.

Sin embargo, no todos se enteraron. Hubo gente con los que siquiera crucé palabras. Un compañero, por ejemplo, solo se limitó a mirarme mal hasta el último día. Otro compañero me dijo una tarde que ese tipo odiaba a los inmigrantes. Pero la mayoría éramos inmigrantes. De hecho, con los que me relacioné, eran casi todos caribeños y latinos. Quizás por eso nos hicimos amigos en seguida. Cada uno en lo suyo. Pero estuvieron pendientes de mí hasta el final. Preguntaban una y otra vez si necesitaba algo, cómo me sentía, conscientes de que Nueva York, con su velocidad, su caos y su frío es un mundo sórdido, caótico y hostil, pese a su estilo y la belleza de sus luces.

Al principio, solo necesité abrigos. Nunca había lidiado con bajas temperaturas en mi rutina y nunca había visto nieve. No obstante, escribí un status en Facebook y pronto aparecieron. Incluso las cajas de Hiram, un amigo poeta y abogado de Puerto Rico, al que había visto muchas veces pero coincidido poco.

—¿Qué size eres? —fue quien primero respondió.

—Medium. ¿Qué tal estás?

—Estoy bien... tengo un jacket de invierno, creo que te debe servir. ¿A dónde te lo envío? Y varias cosas tibias que te quedarían bien.

Le envié la dirección. Dijo que haría el envío, pero lo olvidé. Once días después llegaron tres cajas.

—Es el primer paquete/carta que recibo de alguien aquí. Este gesto tuyo vale un millón —le dije.

—No hay por qué. Un abrazo.

La última vez que nos vimos fue en la galería REM en Santurce, nueve meses antes. Era la apertura de la exhibición *There is Always a Light to Turn Off,* una muestra colectiva de fotografía y video, que abordaba el vivir en el contexto sociopolítico actual. Hiram aparecía en dos fotos de una serie del fotógrafo estadounidense Spencer Stunick, en la que ubicó a hombres y mujeres desnudos en lugares emblemáticos del paisaje de Puerto Rico. La exhibición, según reseñé días después, mostraba contrastes entre el paisaje y lo que somos, con nuestras ruinas y luces. Vi el resto de las obras con calma, muchas reflejaban el fracaso del proyecto de la modernidad, y al final me acerqué a Hiram. Le dije que me pareció poderoso verlo allí, porque sentí que sus fotos eran reflejo de su posición política y poética. Me agradeció el poder percibir eso.

Poco después nos despedimos con un abrazo.

Dos meses después, ya vistiendo el calor de su ropa, me enteré de que fue asesinado en Puerto Rico. Había seguido a un vehículo para tomarle la tablilla, luego de que dispararan al aire. Al darle alcance, el vehículo se detuvo e Hiram frenó para no chocar. Entonces, le dispararon.

La verdad, me tomó bastante asimilarlo y digerirlo. También el frío y muchas otras cosas desde Nueva York, entre ellas la realidad mediatizada de mi país, la supervivencia, los espirales de la vida, las pérdidas. De hecho, no es hasta ahora que puedo apalabrarlas.

Durante esos meses me limité a recorrer la ciudad en silencio; a caminarla, perderme, olerla, escucharla, verla desde la calle, desde adentro de los cristales, coger trenes, guaguas, sentirla, disfrutarla, resentirla. Andrés y yo teníamos horarios de trabajo invertidos, así que solo nos veíamos en las noches, cuando nuestros días libres coincidían o en algún día del fin de semana. Mi compañía inseparable era una Moleskine anaranjada, el poemario *Larga jornada en el trópico* de Amarilis Tavárez, y una antología de poemas selectos de Pedro Pietri. Desde esos poemarios entendí la ida, la adultez, la Isla, la diáspora, la ciudad, mucho acerca de ser puertorriqueño y ser en español en Nueva York.

Leer a Pietri y vivir la ciudad desde sus versos fue transcendental. Nunca lo había leído. Tampoco nunca pensé que viviría en Nueva York. Pero la vida da vueltas y uno termina donde menos imagina. Pensé en ello cuando me senté en la acera de la 5ta avenida con la 106, donde colapsó Julia de Burgos. También las dos veces que me refugié, buscando silencio y fe en el Templo de Ganesh, en la Bowne Street, en el corazón de Flushing. Lo mismo, cuando me detenía a observar, sin prisa, los ignorados conciertos de Zong Li-Lu, tocando el monocordio chino en medio del infinito tránsito subterráneo de las estaciones de Manhattan.

Un año antes escribí un poema en el que dije que no gastaría lo último que me quedaba de dinero para huir en un avión. Un año después caí en la trampa del poema. Dejé el calor por la nieve. Dejé la arena, el monte y el mar por un encierro de ladrillos, hierro, cemento y cristal. Aun así, intenté no pensar en nada. Solo vivir, no juzgarme y acomodarme en la idea de que seguía a salvo, adentro del amor, y trabajando para lo próximo. Eso, incluso sabiendo que Nueva York no era —y no es— mi lugar en el mundo; si es que existe tal cosa.

7

La tienda fue diseñada por el reconocido David Stark. Su objetivo, además de brindar una experiencia interactiva y sensorial insuperable, era atraer a nuevos clientes, poner las relaciones públicas en sus manos, y posicionarse gratuitamente gracias a ellos. Más que comprar, la idea era que los visitantes tomaran la mayor cantidad de fotos posibles y que las subieran a sus redes sociales bajo un único hashtag. Ese era mi trabajo. Invitarlos. Provocarlos. Lograrlo.

A ese fin, *Candle Power* fue un gran montaje: un derroche de iluminación teatral, música electrónica, proyecciones, impresiones, vinílicas, textos en el piso, difusores de fragancias en el techo, mobiliario diseñado para la ocasión y estaciones inspiradas en fragancias. Había casi ochenta empleados en el piso de ventas al mismo tiempo y hasta cinco gerentes por turno. *The New Yok Times*, de hecho, la reseñó como el

Pop-Up Store #1 y el más popular de la temporada en la ciudad.

Una vez cruzaban el túnel de pantallas LED de la entrada, proyectando velas encendidas, seguidas de la cortina de pábilos, los visitantes se adentraban en un bosque de pinos con puente incluido. Era la primera estación. Los pinos del bosque y el puente estaban hechos con tablones de cedro sin teñir. Esa era la fragancia de la vela en promoción en la entrada. Sobre el bosque, nubes de cedro servían de pantallas para proyecciones de montañas nevadas, precipitaciones de nieve y gente esquiando. Cruzado el puente, a mano derecha, estaba la segunda estación. Inspirada en una colección de fragancias marinas, había una terraza con piscina rodeada de sillas para tomar el sol, cestos con toallas y tiestos con almendros naturales. De fondo, impresa a gran formato, una playa con palmeras, como si la terraza se abriera al Caribe y sus azules. El agua de la piscina era otra pantalla LED. La gente podía acostarse en las sillas y jugar o posar con bolas inflables. Tubería especial y luces sobre esa estación lograban allí un calor, sospechosamente tropical, que los visitantes agradecían despojándose de sus abrigos, mientras, en realidad, caía nieve afuera.

Frente a la playa, había una sala de estar, con chimenea, lámparas, muebles y librero, pero invertida.

La gente debía posar allí como si estuvieran trepando la pared o colgando de la lámpara del techo o retando la gravedad. El truco estaba en tomar la foto horizontal y luego girarla a vertical. Era la estación más popular y la gente podía tardar en la fila poco más de una hora para tomarse dos fotos. Algunos volvían a hacer la fila dos y hasta tres veces. Hubo quienes llegaban con cambios de ropa, perros, piñas o accesorios impensables.

Más allá había una estación con pantalla táctil desde la que los visitantes manipulaban proyecciones inspiradas en jardines zen, y otra con un jardín de rosas gigantes bajo las que los visitantes podían acostarse. Aquello se complementaba con una barra en la que se podía aprender de personalidad a partir de sus fragancias favoritas, además de una estación central en la que se personalizaban velas, incorporándole calcomanías con fotos favoritas de los visitantes, descargadas allí mismo desde sus teléfonos inteligentes.

Al principio roté en todas las estaciones, pero al final estuve a cargo de la sala invertida y de la playa. En la sala invertida, solía estar ocho horas, a veces doce, tirando fotos, dando ideas, conociendo a gente de manera fugaz. Me enamoré mil veces, otras tantas odié, pero en general fue divertido, aunque no para mis pies. En esas, conocí mucha gente, turistas la mayoría, también a muchos puertorriqueños. Algunos vivían en la ciudad, pero muchos eran recién llegados tras el huracán. Historias parecidas a la mía. Recién llegados viviendo con amigos, con viejos amores, familiares lejanos o en cuartos de hotel con toda su familia.

Era distinto en la playa. Allí nadie contaba historias. En cambio, todos sonreían. O sea, estaba trabajando al borde de una playa mientras afuera nevaba. ¿Qué más podía pedir? Era lo más cercano a casa, aunque fuera una farsa; aunque me tocara estar parado todo el día, bola de playa en mano, bajo un chorro de calor producido por el malgasto de energía.

Otras veces me tocaba estar en la entrada, recibiendo y despidiendo a los visitantes con un marcador de visitas en mano. El pulgar jodido, pero escuchaba de todo. Cerca de 4,000 personas diarias. En las nueve semanas que duró aquello solo una persona me dejó una nota escrita. Micaela su nombre, una chica de Madrid, guapísima, de paso por la ciudad. Hablamos un rato al entrar y otro tanto antes de salir. Al final, le di las gracias por venir, igual por la conversación. Minutos después volvió. Vino directo a donde mí, estiró la mano, me dio una nota dobladita y salió de prisa sin voltear.

No sé cómo te sientes tú. La tienda es impresionante e inteligentemente cruda, pero yo me siento horrible después de hablar contigo. Sobre todo por ti, recién venido de un país destrozado y sin energía eléctrica, ahora trabajando en Candle Power. ¿El poder o la energía de la vela? No sé ni cómo traducirlo, pero de verdad no es nada acerca de las velas y creo que lo sabes, sino todo acerca de mercadotecnia, malgasto puro de dinero y de energía eléctrica. Además me has dicho que eres poeta, ¿no? Que sobrevivas a esta trampa. Éxito en todo. Ojalá puedas regresar pronto a tu isla.

8

A cada rato me asaltaban los recuerdos de los días posteriores al huracán. Inevitable recordar mientras trabajaba, delante de las largas filas de gente esperando para tomarse fotos, cada vez que miraba el horizonte de la playa falsa impresa en gran formato. Me sucedía lo mismo cada vez que recorría la ciudad y atravesaba multitudes en la calle, cuando veía banderas de Puerto Rico o centros de acopio de suministros para enviar a la Isla o a las víctimas del terremoto de 8.1 grados en Ciudad de México, acontecido trece días antes del huracán María; también en las estaciones, cuando escuchaba el acento boricua en los autobuses o veía gente dormida en los trenes. Como si fueran portales, regresaba a través de ellos al cansancio, al desespero y a la necesidad que dejé en la isla y que, según leía a través de las redes sociales y a través de los noticieros, o según escuchaba en la voz de mi madre, seguía sucediendo en presente.

El ciclón destruyó los techos de sobre 60,000 viviendas y el 90% del tendido eléctrico del país, lo que resultó en el colapso total del servicio. Con ello también colapsó parte del servicio de agua corriente y el funcionamiento de las plantas de tratamiento de aguas usadas. El 95% de las 3,000 torres de comunicación cayeron o dejaron de radiar, afectando la telefonía, la transmisión televisiva y radial, el servicio de internet y la información meteorológica. Carreteras y puentes quedaron destrozados, lo que dejó a comunidades y a pueblos aislados e incomunicados y obstaculizó la llegada inmediata de equipos de rescate, así como la llegada de suministros. El radar de la torre de control del aeropuerto internacional también cayó, por lo que permaneció cerrado varios días, para luego reabrir controlado por la milicia estadounidense, respaldado por generadores que permitieron salidas y llegadas a cuentagotas, iniciadas a razón de dos vuelos diarios por aerolínea.

De igual forma, muchos hospitales sufrieron daños en sus estructuras y permanecieron cerrados por días. Los que continuaron brindando servicios, incluido el complejo hospitalario más grande del país, Centro Médico, dependieron de generadores. La alta demanda de combustible a causa de estos, y sumado a la demanda para el consumo doméstico y transportación, provocó pronto una escasez que consigo trajo el caos. El gobernador activó a la Guardia Nacional y declaró toque de queda para atender la emergencia e iniciar la recuperación. Pero hubo inacción, prioridades, corrupción, demoras y poca transparencia. Mientras tanto, se registraron saqueos, incendios y filas kilométricas en gasolineras para compras racionadas de combustible, también en bancos y en supermercados. Y empezó a hablarse de vidas en riesgo. También de cientos de muertes no contabilizadas a consecuencias de la emergencia tras el huracán, en contraste con la cifra oficial de 16, y luego de 64, ofrecida por el gobierno.

Todavía en diciembre se reseñaba el caos casi a diario en medios internacionales. El invierno apretaba en Nueva York y yo me había vuelto diáspora, una incómoda espora tropical entre la nieve, un número más de la estadística del éxodo. Estimaban en casi 200,000 los puertorriqueños que habían dejado la Isla a consecuencia del fenómeno y la posterior emergencia.

Por primera vez sentí el peso que supongo sienten muchos estando lejos. También me jodió la culpa, por irme cuando mi familia me necesitaba, sobre todo, cada vez que me sabía cómodo con energía eléctrica mientras miles seguían a oscuras, incluyendo a mi familia. Mamá, por ejemplo, me llamó un día mientras estaba tirado en la cama de Andrés, recién bañado, viendo Netflix. Por su tono supe que algo había pasado en la casa. Cuando insistí, dijo que se había quemado los dedos de la mano prendiendo la planta eléctrica. Imaginé el momento. La explosión. Sus deditos. Ella a solas, a oscuras. Le dije que llamara a mi padrastro, era urgente, que fuera al hospital. Sin embargo, insistió en quedarse allí, esperarlo, ponerse pasta dental sobre las quemaduras.

Las tres semanas después del huracán que pasé en la Isla, mi padrastro, mi madre y yo nos las habíamos ingeniado como equipo para las tareas domésticas, para conseguir la gasolina de la planta, para lavar la ropa en el río con una polea improvisada, para conseguir comida, dinero en efectivo y señal telefónica. Lo hacíamos también para no desesperarnos y para que no nos dominara la ansiedad.

El huracán sacó a todos de su comodidad, arrancó las máscaras al país, voló las gríngolas, y nos vimos como siempre fuimos, aislados, a la merced de lo que trajera el mar o el aire, dependientes, colonia, "americanos de última categoría". Nos tocó vernos a solas, ver cuánto teníamos o no, darnos contra el piso de la crisis y de las carencias para entonces trazar un plan y continuar.

En Nueva York, igual que en otros estados, la diáspora estaba presente, uniendo esfuerzos, colectando artículos de primera necesidad, comida enlatada, agua embotellada, dinero. En mi caso, aproveché mi estar en Nueva York para difundir noticias a través de las redes, para comunicarme con amigos, para concertar comunicación entre gente interesada en ayudar y organizaciones en Puerto Rico necesitando ayuda. Lo otro fue visibilizar, discutir y educar acerca de lo que estaba sucediendo en la Isla, de nuestra realidad colonial.

9

La mañana después del huracán, cuando salí a la calle y miré alrededor, supe, aún desconociendo la magnitud de lo que había acontecido, que tocaría iniciar de cero. Como primer paso, necesité saber si mi familia cercana y la mamá de Andrés estaban bien. Andrés, mi padre y mis amigos estaban lejos. No había posibilidad de comunicarme con ellos ni de moverme a alguna parte, a no ser que fuera caminando. La madre de Andrés vive a dos minutos de la mía, en carro. Mi tía vive a diez. Desesperado, me preparé para ir a verlas. Eran poco más de las 8:00 a.m. No había nubes ni azul. El cielo era un manto gris-pardo por el que se colaba una turbia claridad. Todo goteaba y el panorama daba una sensación como de vacío entre las cosas. Algunos vecinos habían salido a la calle en caminatas de reconocimiento. Uno de ellos, venido desde el pueblo, nos dijo que la carretera hacia allá estaba obstruida por derrumbes. En seguida mamá buscó una gorra y caminó conmigo.

Nuestro barrio está compuesto por casas de ambos lados de la carretera, unas de madera y otras de cemento, pero todas enclavadas en lo alto o en lo bajo de los riscos. En la hilera nuestra, en la parte baja, algunas se habían inundado por la crecida del río. Johnny, el vecino tapicero, empezaba a sacar los muebles que se habían mojado. Al mismo tiempo, su esposa y su hija barrían hojas y agua desde el interior. Carmín, su vecina contigua, los miraba inmóvil desde el balcón, sentada en la amargura de haber perdido una fracción del techo, dos ventanas y sus cultivos. A diferencia de la casa de Johnny, su casa es de madera y zinc. Alzó la vista vagamente cuando nos vio pasar. Levantó la mano y saludó sin ánimo.

Del otro lado de la carretera, a la derecha y arriba, un equipo de vecinos empezaba a trozar las ramas de un enorme úcar que cayó en la entrada de sus casas. Eran tres familias. Al vernos, nos saludaron también, solo que por primera vez. Por primera vez igual, esa mañana, caídas las murallas de follaje en torno, descubrimos casas y vecinos que no habíamos visto ni conocido. Nos detuvimos brevemente a compartir impresiones de lo que había pasado y de lo que creíamos que pasaría después. Al final, compartimos nombres y estrechamos las manos.

Más allá, decenas de casas sin techo, más árboles partidos, transformadores y cablería contra el pavimento. La barbería y la panadería con las vitrinas rotas. La parroquia llena de fango. Igual el resto de la carretera, bajando hacia el barrio Honduras. Allí, el otro puente, para cruzar a la casa de la madre de Andrés. Pero no había puente exactamente, sino varillas expuestas entre bloques de asfalto y de cemento, un nudo enorme de bambúes y ramas y planchas de aluminio torcidas. Debajo, el Río de la Plata aún crecido. En la otra orilla más casas destruidas al borde de la inundación, árboles hechos pedazos y más montañas quemadas por la furia de los vientos. Algunos vecinos que venían detrás se detuvieron justo a nuestro lado. No había paso. Estuvimos en silencio, solo observando el puente, quizás por dos minutos. Luego mamá y yo nos alejamos en ruta a la casa de mi tía. Pero el camino era de obstáculos. Ella lo intentó un rato hasta que desistió.

—Sigue tú. Te echo la bendición. Ve con cuidado.

Aceleré el paso montaña adentro sobre la carretera. Cerca de allí un Toyota Tercel intentaba avanzar, medio atorado entre piedras. Un hombre al volante y otro quitando escombros de en medio. Señores bastante mayores ellos. Iban en dirección a buscar las llaves del refugio del barrio Toíta. La gente estaba a salvo, pero encerrada en el refugio sin agua ni luz, y había niños. Sabiendo que llegaría antes, me pidieron por favor que fuera hasta la casa gris, en el cruce de Matón y Puente blanco, y llamara a una tal Charo. Suponían que ella tenía las llaves. Si las tenía y podía entregárselas a ellos de regreso me lo agradecerían. Les dije que sí sin pensarlo y los dejé en su intento de abrir camino a manos. Pero había derrumbes de piedras adelante, flamboyanes atravesados, cascadas de agua donde nunca hubo.

La carretera bordea el río en dirección a Aibonito. Desde allí arriba se avistaba perfectamente el trazo de la crecida del agua trepando el monte. Allá abajo casas de madera como si hubieran sido aplastadas. Dos carros adentro de las corrientes. Conté seis reses muertas.

Al tiempo que avanzaba sentía que el país se me abría. Cada imagen me hacía ampliar mentalmente la catástrofe. Tuve que atravesar laberintos de cables y tensores, trepar ramas. Hubo quienes salieron de sus casas al verme aparecer al fondo del camino, o de entre las copas de los árboles caídos. Me miraban aturdidos, apenas asomándose al día. Seguido, gritaban o me hacían señas para que me detuviera. Caminaban hasta donde mí y preguntaban si yo estaba bien, cómo estaba la carretera, mi familia, las casas, el pueblo.

Pero no tenía contestaciones. Solo podía narrar lo que había visto en el camino, lo que empezaba a escuchar o a imaginar, también lo que temía.

Caminé de prisa. Corrí por ratos. Antes de llegar al cruce de Matón y Puente blanco, una casa de cemento se había deslizado desde lo alto hasta caer fracturada sobre la carretera. El mobiliario adentro: nevera, estufa, microondas. Atravesé la cocina, todavía con el tanque de gas conectado, y salí trepando por una pared. No pude evitar detenerme frente a los juguetes y la comida enlatada hundida en el barro. Hice algunas fotos. Poco después, me detuve frente a la casa donde debía preguntar por las llaves. Preferí, en cambio, llegar primero a la casa de mi tía.

Crucé el puente y tomé el último tramo: una carreterita rota, cubierta de arena de río y chatarras. El agua había arrasado. Entonces escuché a mi tía gritar mi nombre desde lejos. Su grito de emoción me hizo correr todavía más rápido. Llegar hasta allí me había tomado casi una hora. Subí la cuesta de su casa a toda prisa y fui directo a abrazarla. A ella, a su esposo, a mi primo.

El techo de su terraza y la casita de herramientas se habían ido. También la casa de madera y zinc, adentro de su finca, que retraté el día anterior. En su lugar no más que escombros. Mi primo rebuscando entre las tablas. Los altos yagrumos, los árboles de pana, el viejo flamboyán, las matas de yuca, papaya y plátanos en el suelo. Más montañas quemadas. Venas de agua por doquier hacia el río.

Titi Sonia me dio café y bebí lento, respirando despacio en el ínterin, grabándome aquella vista. Fue casi despertar.

Al regreso busqué a Charo. Grité su nombre varias veces. Poco después se asomó. Cuando le dije lo de las llaves, me miró fijo. Se tardó. Seguido entró en histeria. No sabía que se las había llevado consigo. No lo creía. Me pidió perdón llorando; que le pidiera perdón a la gente encerrada en la escuela, perdón a los dos señores que habían salido a buscarla. Traté de calmarla. Le dije que todos estaban bien, pero no logré mucho. Su llanto inició con el descuido de las llaves, de ahí fue a la pérdida de la casita de su madre, ubicaba en el segundo nivel, y se adentró en el terror del huracán, al que sobrevivieron juntas encerradas en un baño. Mientras hablaba no podía dejar de mirarla. Sus ojos rojísimos. Las ojeras hinchadas. Las arrugas y pecas de su cuello. Sus puños apretados. Pude esperar a que se tranquilizara, pero no quise. Me fui. No quise romperme con ella; tampoco quise asumir que la escena era apenas una fracción de lo que estaba sucediendo paralelamente en el país.

Los señores del Toyota Tercel seguían parados a un par de metros después de donde los había dejado.

—Está imposible —dijeron frustrados.

—Sí. No hay paso —contesté, y les entregué las llaves sin más.

Me recuerdo corriendo desde allí hasta mi casa. Necesitaba llegar, no pensar, no detenerme, no darme cuenta. Necesitaba estar con los míos, abrazar a mi mamá, intentar no desesperarme. No obstante, al llegar y contarle, al meternos en su carro y descubrir que había solo una emisora al aire, sucumbí. Transmitían desde un cuarto inundado en algún lugar de San Juan. Desde muchas partes, decenas llamaban para dejar saber que estaban bien, o buscando información de sus familias. No había noticias. Solo un canal abierto de comunicación y llantos. Entre mensaje y mensaje, detalles breves de lo acontecido o del estado de las distintas zonas de la isla. También la narración de gente llamando desde Estados Unidos diciendo que habían visto las imágenes en vivo por los medios.

Fue así como supimos que aquello cruzó la isla con ráfagas de huracán categoría cinco. Cientos de comunidades inundadas, gente atrapada, desaparecidos, carreteras y puentes rotos, el país incomunicado. Fue lo mismo el resto de la primera semana, un inventario del desastre. Mi madre, mi padrastro y yo montados en el carro a cada rato con tal de enterarnos cómo avanzaban o empeoraban las cosas, racionando la gasolina para la planta eléctrica y los carros, racionando el agua para los baños, mirando con paranoia cualquier lluvia, cualquier ventolera, entreteniéndonos recogiendo la finca, cortando en diagonal las matas de plátano cerca de las semillas. Entonces la profundidad de las noches sin luces, el olor del material vegetativo descompuesto, del limo, del combustible quemado y el hedor de los animales muertos. No hubo otra cosa, hasta que días más tarde aparecieron en fila las máquinas excavadoras desde el pueblo. Detrás, una cola interminable de carros.

En el tapón, mientras las máquinas abrían camino y el resto esperaba detrás, una enfermera nos dijo que pasó el huracán trabajando en un hospital en Caguas. Allí, la presión del viento hizo que explotaran las vidrieras del tercer y cuarto piso y que entrara el agua, lo que provocó un corto circuito que generó un incendio.

—Caguas está imposible. No he llegado a mi casa desde la noche antes del huracán. O sea, voy a ver ahora si todavía tengo casa. Es de madera. No sé.

Perros y niños asomados por las ventanas abiertas de los carros. Las miradas buscando daños. Era la larga caravana del regreso tras el peligro. Ninguno sabía entonces de la ida masiva que apenas iniciaba. Tampoco sabía yo que terminaría empujado por la situación tres semanas más tarde, yéndome en un vuelo humanitario, que acabaría el año en el gélido invierno de Nueva York, vendiendo velas con olor a sal frente a una playa impresa.

10

El 7 de febrero, habiendo despertado en Puerto Rico finalmente, pensé en no ir a Rincón y pasar el día con mi madre, cayendo en tiempo entre el canto de los gallos y los ladridos de las perras, respirando luz de trópico, descalzo. Fue ella quien dijo "vete a la playa con Andrés, disfruta, luego habrá tiempo para mí, para sacar las cosas de las maletas" Ella sabía que él se iría pronto. Madre al fin, también sabía lo que su ida implicaría. "No lo pienses", añadió. Pero lo que no sabía es que yo no tenía ni un dólar para comprar una botella de agua o para la gasolina del carro de Andrés. Tampoco él lo sabía. Aun así postergué el silencio, y lo llamé. Él insistió en que no me preocupara.

Me recogió minutos más tarde. En ruta a Rincón solo hicimos dos paradas. La primera, en Coamo a desayunar. La segunda, en Mayagüez para comprar hielo, un botellón de Coca-Cola y dos canecones de ron. Entre parada y parada, puse el playlist de las canciones que le metieron felicidad y ritmo a nuestra aventura en Nueva York. Recuerdo mi asombro redescubriendo el paisaje, el saturado despliegue, detrás de los cristales, de los verdes, amarillos y marrones desde el sur hasta el oeste. A lo lejos, la cordillera central. Arriba, el cielo peinado de cirros. Por lapsos, el cariño de nuestras manos anudándose. Por lapsos, igual, el cuestionarme si regresar había sido un acto de egoísmo, si estaba haciendo lo correcto dejando atrás a Nueva York con todas sus posibilidades y hasta el arrinconado cuarto del amor.

Lo cierto es que para el regreso tenía un plan. En cambio, para volver, no tenía ninguno. Sabía que extrañaría, que pelearía con la idea, que más temprano que tarde me hartaría de la espera, con verme en estas, en la rutina telefónica, en la limitación de los mensajes de texto, de los Likes en Instagram y en Facebook. Pude no continuar, pero él estaba esbozando su regreso. Me pidió que lo esperara y decidí fluir.

A él lo había conocido rodeado de verdes, sonriendo en la playa, presumiendo una felicidad tropical. Sabía que Puerto Rico le hacía falta, que regresaría. Lo dijo una y otra vez y le creí. Aunque ha faltado el cuándo.

En cierta forma, los dos fuimos empujados a irnos. Yo, por el embate del huracán. Él, por la situación económica en la Isla. De hecho, nuestra relación dislocada, aunque sostenida por voluntad y lealtad, ha sido, en parte, resultado de ambas cosas. Se lo dije llegando a Rincón. Le dije también que escribiría sobre eso: no precisamente del amor, sino acerca de nuestras historias, incluso de la compartida, para hablar desde ahí de otras tantas, de una realidad común poco visibilizada.

Si bien es cierto que la crisis económica del país, iniciada a mediados de la década del 2000, provocó el éxodo de profesionales en busca de mejores oportunidades, en su mayoría jóvenes; la emergencia tras el huracán incrementó absurdamente las cifras, provocando fracturas familiares y amorosas de todo tipo, repentinas, forzadas, dolorosas y también definitivas.

Dos semanas después, ya trabajando en el taller de tapicería de Johnny, el vecino, sentí urgencia de escribir, no solo para mantenerme a flote o para entender las cosas desde la distancia de la narrativa, sino porque, en general, han faltado historias al respecto. Los periódicos, los noticieros y las redes sociales han estado abarrotadas de historias individuales, de víctimas siempre contadas como unidades, pero poco o nada acerca de las relaciones. Mucho menos acerca de las relaciones como víctimas. Aunque alrededor había, hay, habrá cientos de esas. Relaciones-víctimas librando la distancia, la impotencia, diligenciando la confianza y la lealtad, bregando con la impaciencia, con la nostalgia y los vacíos.

En parte, por eso no llamé al periodista de *The New York Times* cuando quiso cubrir la historia de mi regreso a Puerto Rico. Desde un principio sabía que lo que había sucedido, lo que sigue sucediendo, a nivel individual y a nivel colectivo, no cabía en un artículo de prensa. La historia individual de cada persona fallecida a consecuencia del huracán María, por ejemplo, no cabe en página y media. Esa historia, todas esas historias de 4,645; de 1,427; de 2,975 vidas siquiera han sido contadas del todo. En cambio, ha habido un juego cruel de ambigüedades al respecto.

Andrés no había estado en la isla desde antes del huracán. Así que tan pronto llegamos a Rincón, fuimos a casa de una amiga suya de Cayey. Se llama Lali. Había parido días después del embate y él quería saber si estaba bien, si necesitaba algo, conocer al pequeño Kai. Ella es artesana, igual su compañero. Tras los abrazos del reencuentro, nos sentamos en el balcón a hablar de cómo habían sobrellevado los últimos meses. En frente un llano costero con vacas pastando. Detrás, el mar. La isla de Desecheo en el horizonte; su monte seco y alto, su silueta de peñón asomado sobre el agua.

Lali pasó el huracán sola en Cayey, lista para dar a luz. Su esposo se había quedado atrapado en Rincón y no pudo llegar adonde ella hasta pasada una semana. Días más tarde, bajaron de regreso y desde entonces se mantuvieron allí. Ya tenían luz y agua, pero como quiera los días seguían siendo complicados. No queriendo caer en el desánimo, preferimos celebrar el junte con ron. Luego Lali, Andrés y yo caminamos a la reserva de Tres Palmas. Su esposo se quedó en la casa cuidando a Kai.

Yo no había entrado al mar desde antes de irme a Nueva York. Casualmente, la última vez que estuve en Rincón fue el día que abuela murió. Ese día, 28 de mayo de 2017, yo estaba en la playa cuando Titi Sonia llamó para darnos la noticia. Por eso, de vuelta en Rincón, casi automático, me aparté al pisar la arena y caminé hasta el borde. Por eso invadió el escalofrío.

Finalmente, allí estaba el mar abierto, el lindero entre el Caribe y el Atlántico, el universo de los azules. Debajo, una de las reservas de coral cuerno de arce más impresionantes del Caribe. Andrés y Lali se habían sentado en la arena a hablar. Entré al agua despacio, al color, me hundí hasta acercar el torso al fondo y nadé. Me alejé de la orilla. Poco después busqué acomodar el cuerpo boca arriba, hacia la superficie. Abrí los brazos en cruz, alargué las piernas, incliné la cabeza un poco hacia atrás y cerré los ojos. Me concentré únicamente en respirar. Cielo con sol encima. Mundo de colores y peces abajo. Orilla de isla a lo lejos. El sonido de la respiración y del agua en mis oídos. En mi boca el sabor a ron y sal.

Me dejé ir. Al abrir los ojos, volví a repasarlo todo. El sonido, el olor, las nubes de prisa, el cielo. Los colores del mar, de las palmas, de la arena. La luz, la sal en mis ojos y en mi boca. Fue justo cuando sentí que había regresado. Volar es confiar entre el vacío. En cierta forma, el flotar también lo es. Por eso creo, desde niño, que flotar es una posibilidad de vuelo. Aunque el mar sea un lleno total.

11

Cuando entró la llamada de Titi Sonia para decir que abuela murió yo estaba haciendo un pulpo de arena. Fue el grito de mi madre y su llanto incontrolable en medio de la playa lo que me devolvió a la realidad. Corrí hasta ella y la abracé postergando mi reacción. Mamá lloró desconsoladamente, dejando a un lado sus 57 años para ser el terror de una niña sola. La playa se detuvo en aquello y no vi otra cosa que lapsos de mi vida junto a abuela proyectándose en torno. Allí las tardes de verano y navidades en su casa en la Avenida de Diego en Cayey; sus manos ensortijadas preparando jugo de acerola, jugo de papaya con vainilla, ponches de huevo y azúcar con malta. Revivieron repentinamente los paseos al pueblo y al supermercado en su Toyota Tercel color crema, las peleas con abuelo, sus episodios de esquizofrenia, sus labios rojos, sus peinados con pollina recién salida del beauty, su mirada tras los espejuelos, su risa sonando la guitarra que nunca aprendió a tocar con destreza.

No estaba preparado para aquello. La verdad, ninguno lo estaba. Ni siquiera mamá, que, luego de toda una vida en Loíza, se mudó de vuelta a la montaña, donde nació y creció, para estar cerca de ella.

Fue un accidente su muerte. Cayó de madrugada desde el balcón del segundo nivel de su propia casa. Solo que aún no lo sabíamos. Tampoco mamá sabía cómo parar de llorar ni de gritar y yo no sabía qué otra cosa hacer más que sostenerla, anudarme el llanto, no parpadear, dejar que mis ojos se secaran, cobijarla con mi abrazo. Hubo quienes se acercaron preocupados. Yo no podía hablar. Cuando mamá encontró un momento de aire y calma, caminamos juntos hasta el cuarto del hotel en donde nos estábamos quedando. Se dio un baño para luego salir directo a Cayey con mi padrastro.

Aunque mis dos mejores amigos estaban conmigo, Rafa y Juanpi, me quedé con todo aquello contenido, con la risa de abuela y el carrete de esas tardes prendidas. Preferí acostarme sabiendo los días que vendrían, el funeral, la procesión a pie hasta el cementerio, el entierro. Entré a la cama lleno de arena y me obligué a dormir. Al despertar, quizás una hora más tarde, regresé al mar. Entré despacio, solo, me hundí hasta acercar el torso al fondo y nadé alejándome de la orilla. Poco después busqué acomodar el cuerpo boca arriba, hacia la superficie. Abrí los brazos en cruz, alargué las piernas, cabeza un poco hacia atrás, y floté. Lloviznaba tenue. El mar gris pero hermosamente quieto. Cielo con nubes cargadas de lluvia encima. Mundo de colores y peces abajo. Orilla de isla a lo lejos. El sonido de la respiración y del agua en mis oídos. En mi boca el sabor a sal.

No pude llorar en ese instante, pero volé. Volé también en el instante en que me sentí de regreso; esa tarde en Rincón, mientras Lali y Andrés hablaban en la orilla.

Allí, flotando, me transporté a Nueva York, a las largas noches de mi primer invierno bajo nieve, al ruido del entramado de cemento, ladrillos y acero, a los andenes de Queens, al reflejo de mi cara en el cristal del tren, a las manos y a los pies congelados, al miedo, por ratos, de que el otro mundo me aplastara. En Nueva York me robaron mi celular. En él, fotos y vídeos que nunca guardé en otra parte, incluso del huracán, de esos días posteriores. En Nueva York también perdí mi cartera con mi identificación y mi primer cheque. La olvidé en un tren al levantarme. Caí en cuenta inmediatamente, solo que el tren fue más rápido que yo. Lo vi irse. Lo vi todo pasar como un filme a alta velocidad.

Tanto esfuerzo, tantos poemas tragados, tantas luces digeridas. Pero también volví a la felicidad de los besos en los trenes, a las citas de las tardes con Andrés en *Art Bar* o en Union Square, a los tacos y a las bandejas paisas de *Pollos Mario*, a los dumplings de *Corner's* en Flushing, a las bandejas de arroz con cordero de los puestitos de *Halal*. Regresé a las caminatas de manos agarradas que nunca antes había experimentado, a los atardeceres en *High Line*, en la explanada del muelle 15 frente al East River o en el Astoria Park; al día de Acción de Gracias, de Navidad, de Despedida de Año en el *Caribbean Social Club* con Toñi, la primera persona que me regaló una bufanda en la vida. Igual regresé a la risa y al cariño de Fefa y de Mauri, la amiga de Andrés y su esposo, quienes se convirtieron de inmediato en mi familia cercana.

Pronto abrí los ojos. Nadé un poco y me concentré en mirar a la orilla desde el agua: la isla allí en frente, esperando el atardecer. Mirando, recordé el fragmento del poema que me envió Natalia, una amiga abogada, dos días antes de dejar el cuarto de Andrés.

Al salir del agua, fui directo al celular y lo busqué. Un poema de Alejandro González Luna:

> *Esto es una isla: viejo mapa del fuego. Peñón de sombras y cacharros. Pájaro herido que intenta volar sobre la lengua. Escozor que raspa y corroe nuestra sangre.*

Esto es una isla: tierra sin puentes. Enjambre de peque-
ñas palabras que arropan las olas. Lengua de larvas
y astillas diminutas que tiene sus raíces en mi boca.
Lenguaje que sobrevive a duras penas. No cede nunca
la marea aquí: muerde, traga, conjetura. Todo el día.
Animal inquieto el agua, el cerco, las preguntas. El mar
tiene dialectos y origen en un mismo hueso. En la orilla
el agua obra su verdad última, su desenlace.

Lo leí en voz alta como para darme la bienvenida.
Luego miré a Andrés: él tirado boca abajo sobre la
arena, su cabeza escondida entre los brazos. El horizonte de agua al fondo. Una luz dorada incandescente
filtrando la escena.

Casi ocho meses más tarde, tirado en la cama,
aún viviendo en la casa de mi madre en Cayey, regreso
allí. Creo que la sensación al flotar en Rincón marcó
apenas el principio del regreso. Aterrizar no garanti-
za regresar, sino la llegada a ese camino. Contrario
al despegue en avión, que sí es breve; y violentamen-
te arrancarse de un mundo en segundos. Lo escribo
pensando que todavía no regreso del todo. Que hay
partes de mí dispersas, en Nueva York, en Loíza, en
Cayey, y otras flotando en mi cabeza. Mis cosas, de
hecho, desde hace un año, siguen en cajas. Mis libros,
la colección de piedras que acumulé en Loíza, los pla-
tos, los vasos, las fotos, sábanas, ropa.

Ahora que releo estas páginas y escribo, me pregunto si narrarlo es parte de ello. Sin embargo, no hay que pensar las cosas tanto. Es importante no pensar. Me lo recordó Noemí cuando fui a visitarla semanas después de haber llegado a Puerto Rico.

—Tal vez lo que toca es inventar el regreso —y añadió—: no te edites; fluye, escribe. No tiene que haber un fin, y no tiene que ser para alguien.

La miré a los ojos. La forma en que abrazaba a su gato. La forma en que flotaba la ropa de colores tendida en el cordel detrás de ella.

Noemí es una amiga de esas a las que uno ve con poquísima frecuencia, pero con quien se comparte cariño, calma, sapiencia y procesos. Es una incansable investigadora del movimiento y del cuerpo. Tiene un proyecto artístico, PISO, desde el que explora las posibilidades y narrativas del espacio público, también del doméstico. Eso, en el contexto colonial, en pleno caos económico y social.

Dos vasitos de cristal servidos con vino blanco. El patio de su casa a la luz de media tarde. Una colección de espejos rescatados de la calle recostados de un muro. El reflejo de la luz trazando caminos en el suelo. Sentados en una mesita para dos, hablamos del periodo poshuracán. De las idas, las pérdidas, del demasiado ruido mediático y de nuestras vidas en medio; también de los regresos y los nuevos anhelos, de las colaboraciones que construyen, de lo no narrado, de la recuperación de lo doméstico, de lo político de compartir la historia personal.

Ella también tenía una narración atravesada por el huracán, una historia de aviones, lidiaba con una relación fracturada, con un sentir entre dos distancias. Hablamos de explorar algo de aquello en un trabajo que involucrara palabra, cuerpo y movimientos. Establecimos una fecha. Pronto cayó la tarde y regresé a casa.

12

Dos semanas luego del aterrizaje, entre tragos de ron con jugo de toronja, mi madre me preguntó si quería trabajar en el taller de tapicería de Johnny. Estábamos en la barra de Gutiérrez, el único lugar en el barrio con hielo y luz eléctrica a finales de febrero. De entrada, no le creí, pero el vecino le había dicho que necesitaba ayuda con trabajos que tenía atrasados porque el muchacho que lo asistía se fue a vivir a Estados Unidos. Yo nunca había tapizado, no tenía ni idea, pero dije que sí. Para algo había estudiado arquitectura y bellas artes. Además, estaba dispuesto y disponible para trabajar en cualquier cosa. Ese mismo viernes por la noche lo llamé. Contento con mi respuesta, me pidió que estuviera en el taller el próximo lunes a las 8:00 a.m. El lunes próximo me presenté puntual.

Más allá de ser nuestro vecino inmediato, de su pinta de cocolo cincuentón, y de saber que estaba casado y que tenía tres hijos adultos, yo no sabía mucho más acerca de él. Creo que le pasó lo mismo conmigo. Yo, el hijo de la vecina, el recién llegado de Nueva York, sospechosamente maricón. Su mirada intentó leerme muchas veces. No obstante, fue protocolario al presentarse, en detallar cuáles serían mis labores, el horario, la hora del almuerzo y de los breaks. $400.00 semanales en efectivo, pagos cada viernes. También se tomó su tiempo en enseñarme desde cero qué herramientas usar, para qué y las partes del proceso. Lo agradecí.

Veinte minutos más tarde me puso en frente un mueble redondeado, réplica de estilo victoriano, para tres. La tela con patrón de flores estaba manchada. Además, las molduras y las patas de caoba estaban rayadas.

—Agarra el destornillador sacagrapas y la pinza, y quítale toda la tela y el foam. Lo mismo con los sujetadores y los cartones.

Asentí, y de inmediato me aislé con las cientos de grapas. Algo de taxidermia había en el asunto; eso de levantar cuidadosamente la piel, de descubrir la carne y el esqueleto. Fue bastante mecánico e incómodo para los dedos ese primer día. Los días posteriores, por el contrario, logré hacerlo casi en automático. Con canciones de salsa y destornillador en mano, pude, además, tomar distancia, poner en valor a los muebles como testigos silentes de lo doméstico y mirarme en aquello de tapizar como un trabajo de restauración necesario y digno.

Luego de la montaña rusa que fue Nueva York, finalmente había conseguido un trabajo en Puerto Rico; un trabajo a tiempo completo, en un taller al aire libre, entre gatos, gallinas y gallos, al borde del río que vi crecer y arrasar, el mismo río que atravesaba el patio de mi casa, en el que días después de María lavé ropa con mi madre, en el que recogimos agua, en el que nos bañamos con jabón y shampoo, incluso Johnny y su familia.

Sin embargo, la familia de Johnny también se había ido. Su esposa, su nieta, su hijo, su hija y el esposo volaron a Texas meses después del ciclón. Me enteré ese primer día. Desde entonces, el tapicero sostenía la casa a solas. Igual su taller, aunque en pie y activo gracias a la ayuda de su sobrino Eggie y de otro asistente, Xavi, quienes iban en las noches a ayudarle. A ellos los conocí días más tarde, ya desarrolladas mis destrezas con el barniz, con el taladro y la grapadora a presión.

Johnny, Eggie, Xavi y yo nos convertimos dentro de poco en el equipo ganador de la exitosa *Tapicería Los Profesionales*, aunque exitosa mientras la planta eléctrica tuviera gasolina. Llegado el mes de marzo no había ni asomo por el barrio de camiones de la Autoridad de Energía Eléctrica, así que dependíamos de gasolina para completar nuestros trabajos. También para enfriar las cervezas y para la bocina por la que cada tarde, repetidamente, cantaban Jerry Rivera, Marc Anthony, Frankie Ruiz, La India, Tito Nieves y el Cano Estremera.

En general, nos acoplamos bien, bastante rápido. Pronto me gané un pequeño ascenso. Aprendí a coser en máquina doméstica, me encargué de la extracción de las plantillas y de cortar los viniles y las telas. Cobrando cada viernes, empecé a salir de Cayey con más frecuencia, a ir a la capital. Con la firma prestada de mi madre, incluso, logré comprarme un carro.

Aunque los problemas de las señales de telefonía continuaban, la comunicación con Andrés se mantuvo estable, así que lo mantuve al tanto del progreso de mis días y de las historias atrapadas en el taller.

La esposa y los hijos de Johnny no solo se fueron a vivir a Texas, sino que se llevaron consigo al perro y a los cockatiels. Él se había quedado solo y lo lamentaba de a ratos, en voz alta, desde su máquina. Era su tema recurrente en las mañanas, que era cuando trabajábamos en silencio y la mente corría más. En las mañanas, el generador permanecía apagado porque hacía demasiado ruido y Johnny no quería molestar a los vecinos.

—¿Qué cojones, verdad? Me quedé solo.

Y luego seguía trabajando bajo una lamparita de luz amarilla, hasta que alguna ventolera o un aguacero pasajero se colaban en el taller. Entonces ambos nos deteníamos y mirábamos afuera. El silencio se estiraba en eso. Seguido, nos transportábamos al huracán.

Aunque teníamos dos versiones de lo mismo, ambos habíamos vivido el mismo fragmento de realidad en el mismo sitio. Nuestras casas lo habían vivido juntas. En una ocasión me contó su experiencia, cómo creyó que nuestra casa se desprendía en las esquinas, del momento en que las ventanas de nuestra terraza reventaron y cayeron en su patio, de cómo el río trepó las fincas de ambos, de cómo casi se mete a su taller, de las veces en medio del huracán que me vio parado en el balcón gritando al viento como un loco.

—El día después, no paré de llorar —me dijo.

—Yo hubiera querido, pero no pude. Exploté cuando me fui a Nueva York, cuando el avión despegó.

—Mi mujer me dijo lo mismo: que lloraron cuando el avión a Texas despegó. Y yo lloré también, pero en el aeropuerto, cuando nos despedimos, cuando los vi cruzar el punto de seguridad.

El mismo fragmento de realidad y la historia común que compartíamos, de relaciones fracturadas, dislocadas, víctimas, me hizo entender que era necesario haber llegado allí, incluso a Nueva York, a esas esquinitas del mundo que me repitieron que la vida no es recta, que nos movemos en espiral.

Con respecto al llanto, pensándolo común denominador, renombré discretamente la tapicería, para uso personal, como *Tapicería Los Llorones*. Específicamente, cuando descubrí que las parejas de Eggie y de Xavi también se fueron de la isla tras el ciclón.

"Trabajo en la *Tapicería Los Llorones*". Esa era mi contestación favorita cuando mis amistades, según se fueron enterando de mi regreso, preguntaban qué estaba haciendo. Primero decían que estaba demente. Incluso llegaron a decirme crackero por dejar Nueva York y volver. Luego pedían los detalles de mi nuevo trabajo.

—¿Qué te digo? Es un taller de tapicería en el patio de una casa, al borde de un río, en Cayey. Somos cuatro hombres. Llorones todos porque nuestras parejas se fueron del país. Así que mientras tapizamos y cosemos, y escuchamos y cantamos canciones de salsa, mientras bebemos y hablamos, lloramos.

Rápido afloraban las sonrisas y me decían que tenía que escribir de eso.

—Sí. Estoy escribiendo. Pero no solo de eso.

Un viernes, ya habiendo terminado los trabajos del día, entre cerveza y cerveza, le conté al equipo mi historia con Andrés. Ni Johnny, ni Eggie ni Xavi dijeron nada. Tampoco hubo caras desencajadas ni histeria. Se limitaron a escucharme y al final brindamos por estar en las mismas. Jodidos, llorones al fin, esa tarde, presenté y fue aprobado en consenso el nuevo nombre de la tapicería.

Brindamos también la tarde del 5 de abril, pero con tequila en una mano y celular en la otra. Fue la tarde que llegó la luz al barrio, 197 días después del huracán. Había que celebrar. Encendimos las luces. Cada uno llamó a sus parejas y nos acomodamos casi en círculo en un rincón del taller. Levantamos los celulares, cosa de que cada uno desde el otro lado del mundo nos viera. Contamos hasta tres y luego fue el barullo, el buche de tequila y las sonrisas.

Celebramos un poco. Luego me aparté de ellos para poder hablarle a Andrés con calma. Sin embargo, pronto perdí la señal. Al voltear, me quedé viendo la escena desde lejos. Eggie fue el próximo que enganchó. Luego Xavi y Johnny. Los tres me miraron. Me acerqué y fui directo a recoger mis cosas, mi área, los retazos de tela. Detrás de la euforia, la escena de los celulares me dio un bofetón de tristeza. Pero no fui el único.

—Bien pendejos nosotros. Llamando para sentir que están aquí, pero uno engancha ¿y después qué? Estamos solos. Nos dejaron solos. ¿Qué cojones, verdad? —añadió Johnny.

13

A veces me pregunto cómo hubiera sido el artículo con fotos y videos de mi regreso a Puerto Rico si el periodista de *The New York Times* lo hubiera escrito. Cómo narraría mi historia. Cuál hubiera sido el inicio y cuál el final. Cómo me veía en aquellos días, Manhattan y Queens congelados, Puerto Rico bajo el sol de febrero, los montes reverdecidos de Cayey, la felicidad de mi madre teniéndome de vuelta en casa. Eso, aunque fui yo quien no quiso que él lo hiciera.

En abril, hablando con Arroyo, un amigo periodista que trabajaba en ese entonces para *CNN*, supe que el periodista de *The New York Times* buscó otra historia y publicó el artículo que quería. Encontró a una pareja de ancianos, de 81 y 75 años, que estaban viviendo en el *Spring Hill Suites* en Queens. Pensé de inmediato en todas las veces que había caminado por allí, frente al hotel de esa historia paralela. El señor había sufrido una caída y un derrame cerebral recientemente; su esposa padecía de Alzheimer. Ambos eran ecos de los envejecientes enfermos y desplazados por la devastación. Vulnerables, hartos del nevado invierno, de tener por patio un pasillo alfombrado entre habitaciones, además de añoranzas y deseos de estar en su Isla, habían decidido volver.

—Aquí estoy en el cielo —expresó el señor al periodista, quizás refiriéndose a la comodidad del hotel y a la asistencia médica recibida en la ciudad, en contraste con lo que podía ofrecerle Puerto Rico en marzo, aún devastado, con regiones todavía sin energía eléctrica— pero voy de regreso al paraíso.

Era un artículo largo, con fotografías de la pequeña habitación, de la pareja en una mesa para dos, de la vista tras su ventana hacia las vías del tren 7, incluso de la única maleta que hicieron para regresar. Luego de una narración del periodista, ya en ruta al aeropuerto, aparecía una foto de la pareja, sentados dentro del avión, ella rezando, y luego otra en la que aparecían montados en sillas de ruedas a su llegada a Aguadilla. El periodista los acompañó en todo momento, tal como me propuso en un principio, incluso documentó la llegada de ambos a su casa, 148 días después de haberla dejado. Había una foto de la señora preparando su cama por primera vez luego de aquello, otra de un paisaje de árboles arrancados, fotos del recibimiento que les prepararon los vecinos al día siguiente. El artículo fue titulado "Volver a casa en medio de las ruinas del huracán María". La versión en inglés lleva por título "A Bittersweet Journey Back to Puerto Rico".

—El artículo es bueno —me dijo Arroyo—, pero hubiera estado más interesante si él hubiera escrito acerca de tu ida. No sé. Claro, aunque tu historia es más grande, se extiende hacia otras cosas.

—La historia de los dos viejos también —respondí.

—Pero los viejos no la iban a escribir. Por eso su historia cabe en un artículo. La diferencia es que tú eres escritor y puedes narrarlo como quieras, sin límites. Además tu historia no es acerca de la vejez, ni del riesgo de morir por lo que pasó. Ni siquiera es acerca de los muertos de María. Es de otra cosa.

—Sí, sí, estoy escribiendo. Lo que pasa es que no sé dónde acabar.

—¿Y eso te preocupa?

—Un poco.

—Bueno, no siempre tiene que haber un final; no todo siempre acaba.

Aunque de manera distinta, fue lo mismo que me dijo Noemí la tarde en su casa. No tiene que haber un fin. Sin embargo, lo de narrar sin límites seguía siendo traba. Un año y medio atrás había escrito algo de eso en medio de una crónica que nunca terminé:

> *Si no se escribe a tiempo la realidad, toca la ficción, y yo prefiero lo primero. Suficiente con el caos y la trama en que se vive. Además, uno vive en narrativa todo el tiempo, ilimitadamente. Hay que asumirlo y escribir. Escribir antes de olvidar. Porque uno vive, paralelamente, olvidando.*

Aquella crónica se llamaría "Kopft", cabeza en alemán, y fue un infructuoso intento por ejercitar mi memoria luego de haber sufrido un síncope. En específico, era una crónica acerca de mi participación en el festival internacional de poesía en español *Latinale*, en Berlín. Y acerca de mis ganas de tener sexo en esa ciudad. No obstante, donde tuve sexo fue en un baño de mujeres en Oslo, Noruega. Escribí 79 páginas, pero no la acabé. El olvido ganó, o los días posteriores, los nuevos conflictos, los nuevos capítulos del vivir. De hecho, Andrés aparecía allí también, solo que nomás como una voz del otro lado del teléfono; él recién mudado a Nueva York. Yo rabioso hasta conmigo.

14

Nos movemos en espiral. De alguna forma, siempre regresamos a donde hemos estado. Y es cierto, no todo siempre acaba. Lo repito a 32,000 pies de altura sobre el Atlántico. Voy rumbo a Nueva York en un vuelo comercial por el fin de semana. Es jueves, 13 de septiembre de 2018. Faltan 7 días para que se cumpla un año de María y 48 para que se cumpla un año de haberme ido a esa ciudad en un vuelo humanitario. Hace 219 días regresé a Puerto Rico a casa de mi madre, y 123 que no veo a Andrés. Esta mañana, un huracán cruzó el arco de las Antillas para seguir su curso al sur de Puerto Rico, sobre el mar Caribe. Otro huracán, devastará a Carolina del Norte mañana en la mañana.

El sábado presentarán en Puerto Rico una antología de poesía sobre el paso de los huracanes Irma y María en la que aparece el poema que escribí en aquel vuelo tres semanas después. Pero no estaré en Puerto Rico. Así que el mismo día, iré con Andrés al *Museo del Barrio* a ver a Noemí. Participará, junto a otros, en un conversatorio acerca del antes y después del 20 de septiembre de 2017. En la misma actividad, presentarán un documental que retrata la devastación de esos días en la región montañosa de la isla. Sin embargo, no sé si me quede para verlo. Sería la primera vez que vea imágenes en vídeo del huracán que no son las mías. Hasta ahora no he querido verlas. He estado en negación. Si me quedo, habré cumplido hasta ese entonces 360 días sin ver algo de aquello.

Quizás también vea a Arroyo, mi amigo periodista. Hace poco menos de dos meses se mudó a Nueva York. Lo otro, será visitar los lugares en la ciudad en los que he sido feliz y aprovechar el tiempo con Andrés.

El lunes regreso a Puerto Rico y al trabajo. En el taller de tapicería trabajé un mes. Renuncié por una posición de relaciones públicas y comunicaciones en un museo de arte en la capital, una organización sin fines de lucro, otra vez. Ayer cumplí 6 meses trabajando ahí. Acerca del huracán, hablo u oigo a diario, como igual, a diario, peleo con mi espera.

15

Junto a Noemí, finalmente, presenté un *performance* un mes atrás. Fue en *El Cuadrado Gris*, un lugar de proyectos artísticos ubicado en una casa del barrio Miraflores en Santurce. La acción —más bien un trabajo en proceso— se tituló *Inventar el regreso*, y tuvo que ver con nuestra conversación aquella tarde de marzo en su patio.

Eran cerca de las 7:00 de la noche. Reunido el público, iniciamos en la calle. Una cámara documentaba de cerca. Transmitían en vivo a través de Facebook. Al mismo tiempo, la transmisión estaba siendo proyectada sobre un muro en el patio del lugar, donde se había ubicado el público.

Nos bajamos de mi carro. Abrimos el baúl y sacamos de allí dos espejos rectangulares traídos del patio de Noemí. Cerrado el baúl, cada uno levantó su espejo y luego caminamos calle abajo reflejando las casas, los balcones enrejados, los carros entre la oscuridad. La zona bancaria de Hato Rey a lo lejos. Los aviones descendiendo sobre el barrio. Reflejamos al público que nos miraba aglomerado en la entrada. También a algunos vecinos asomados tras las rejas de sus casas. Enfoqué en sus caras, en sus intentos de leer qué hacíamos, y qué queríamos decir con aquella procesión.

Subimos algunos escalones. Nos sentamos en el balcón reflejando otra vez el entorno. Luego cruzamos el pasillo interior de la casa en dirección al patio compartido, para recostar contra los muros de la casona vecina ambos espejos. La casona, aún en pie y habitada, era en sí una metáfora silente del tiempo, del país, en medio de las nociones de crisis, recuperación y progreso.

Recostados los espejos, regresamos a la calle. La cámara nos persiguió. Yo fui directo hasta mi carro. Noemí se detuvo en la entrada, junto a una pila de bloques de cemento a un lado del portón. Abrí el baúl y saqué una maleta. Seguido, caminé con ella, calle abajo. Fue cuando un fragmento de esta narración comenzó a escucharse a todo volumen desde el interior de la maleta. En específico, mi experiencia del día del huracán y del día posterior.

Al llegar adonde Noemí, la descubrí moviéndose, danzando en la calle. Se había amarrado uno de los bloques al tobillo con una soga. Según se movía y lo arrastraba, el peso del bloque rayaba el asfalto dibujando su tránsito. Me detuve a verla, pero pronto caminé hasta la pila de bloques. Acosté la maleta, la abrí y metí uno. Noemí se acercó, se desamarró el que llevaba en el tobillo y lo cargó.

Otra vez atravesamos la casa hasta los muros del patio. Al llegar, abrí la maleta y saqué el bloque. Ella lo apiló frente a uno de los espejos bloqueándole el reflejo. Mientras tanto, cerré la maleta y volví a los bloques de la entrada para repetir lo mismo, aquel tránsito, ocho veces. Mi voz resonó entre viaje y viaje. Así mi historia frente al silencio de los demás.

Cuando los 11 bloques taparon los espejos, entré junto a Noemí a un pequeño nicho lateral, visible al público, que habrá servido, quizás, como sótano de la vieja casa en algún momento. Allí adentro, a la luz de una bombilla amarilla, junto a la maleta y una silla, nos sentamos a respirar y a escuchar lo que quedaba de la narración. En el transcurso pensé en lo que aquello significaba. No para el público, sino para mí. También para Noemí. Sudados, nos miramos sostenidamente varias veces, como diciéndonos "ya está", agradeciéndonos. Mucho de lo que habíamos querido decir y hacer lo habíamos dicho y hecho en el proceso, en el intento inacabado. El ruido de las turbinas de un avión acompañó el final del audio.

En segundos, rememoré la espiral que me llevó hasta allí. Loíza, Andrés, Cayey, mi madre, abuela, Queens, Irma y María; la ida, el friísimo invierno, *Candle Power*, el regreso, Rincón, el mar, la tapicería, las conversaciones con Noemí y con Arroyo; los muertos de María, el museo, los muchos ruidos y nuestras vidas en medio; casi un año de escribir a cuentagotas. La cámara seguía transmitiendo en vivo. Tragué hondo y entendí que aquello era el cierre. Noemí apagó la luz y salí detrás de ella.

No hubo aplausos. No hubo un fin exacto. Ella agarró el micrófono y agradeció a los presentes. Pronto la dejé, y caminé directo hasta la calle sin voltearme. En silencio, afuera, descubrí el barrio debajo de la noche. A lo lejos, las luces de la zona bancaria y del área metropolitana. En el cielo un par de estrellas y una nube enorme, avanzando desde el este, que empezaba a derramarse. Sin embargo, permanecí allí, parado en medio de la calle. La brisa tibia. La llovizna. El olor del salitre. Se vive demasiado, pensé. Respiré y aunque me vi solo, necesité ese silencio. Al mismo tiempo me dije, es importante, a veces, no pensar. Es importante, también, saber no detenerse.

CONTENIDO

Xavier Valcárcel (1985, Puerto Rico). Escritor, artista visual y gestor cultural. Estudió Educación en Bellas Artes y Arquitectura en la Universidad de Puerto Rico, donde también completó una maestría en Gestión y Administración Cultural. En el 2009, creó junto a Nicole Delgado la editorial de guerrilla Atarraya Cartonera.

Ha publicado seis poemarios: *Cama onda* (2007), *Anzuelos y Carnadas* (2009), escrito junto a Ángel Antonio Ruiz; *Palo de lluvia* (2010), *Restos de lumbre y despedida* (2012), *El deber del pan* (2014) y *Fe de calendario* (2016). Ha participado como escritor invitado en diversos foros, como el Festival de la Palabra, la Feria Internacional del Libro de La Habana y el festival de poesía en español Latinale, en Berlín. Así también ha participado en encuentros de poesía, residencias artísticas, lecturas y exhibiciones en Puerto Rico, República Dominicana, México y New York. Parte de su obra aparece publicada en más de una decena de antologías y revistas, impresas y digitales. Algunos de sus textos han sido traducidos al inglés, alemán y portugués.